MINIMALISMO

Tudo O Que Você Precisa Saber Sobre Uma Casa Arrumada E Beneficiar Você Rapidamente

(Um Guia Passo A Passo De Técnicas Para Esse Estilo De Vida)

Luis Fry

Traduzido por Daniel Heath

Luis Fry

Minimalismo: Tudo O Que Você Precisa Saber Sobre Uma Casa Arrumada E Beneficiar Você Rapidamente (Um Guia Passo A Passo De Técnicas Para Esse Estilo De Vida)

ISBN 978-1-989837-74-0

Termos e Condições

De modo nenhum é permitido reproduzir, duplicar ou até mesmo transmitir qualquer parte deste documento em meios eletrônicos ou impressos. A gravação desta publicação é estritamente proibida e qualquer armazenamento deste documento não é permitido, a menos que haja permissão por escrito do editor. Todos os direitos são reservados.

As informações fornecidas neste documento são declaradas verdadeiras e consistentes, na medida em que qualquer responsabilidade, em termos de desatenção ou de outra forma, por qualquer uso ou abuso de quaisquer políticas, processos ou instruções contidas, é de responsabilidade exclusiva e pessoal do leitor destinatário. Sob nenhuma circunstância qualquer, responsabilidade legal ou culpa será imposta ao editor por qualquer reparação, dano ou perda monetária devida às informações aqui contidas, direta ou indiretamente. Os respectivos autores são proprietários de todos os direitos autorais não detidos pelo editor.

Aviso Legal:

Este livro é protegido por direitos autorais. Ele é designado exclusivamente para uso pessoal. Você não pode alterar, distribuir, vender, usar, citar ou parafrasear qualquer parte ou o conteúdo deste ebook sem o consentimento do autor ou proprietário dos direitos autorais. Ações legais poderão ser tomadas caso isso seja violado.

Termos de Responsabilidade:

Observe também que as informações contidas neste documento são apenas para fins educacionais e de entretenimento. Todo esforço foi feito para fornecer informações completas precisas, atualizadas e confiáveis. Nenhuma garantia de qualquer tipo é expressa ou mesmo implícita. Os leitores reconhecem que o autor não está envolvido na prestação de aconselhamento jurídico, financeiro, médico ou profissional.

Ao ler este documento, o leitor concorda que sob nenhuma circunstância somos responsáveis por quaisquer perdas, diretas ou indiretas, que venham a ocorrer como resultado do uso de informações contidas neste documento, incluindo, mas não limitado a, erros, omissões, ou imprecisões.

Índice

Parte 1 1

O Que É O Minimalismo? 2

Por Que Ser Minimalista? 4

Os Princípios Do Minimalismo 6

O Minimalismo É Ideal Para Você? 9

Materialismo X Minimalismo 12

Os Benefícios Do Minimalismo 13

Alcançando O Minimalismo: Um Plano De 10 Etapas 22

PARTE 2 34

Introdução 35

Capítulo 1: A Filosofia Minimalista 39

Capítulo 2: Sendo Minimalista Em Uma Sociedade Possessiva 51

Capítulo 3: Como O Minimalismo Pode Mudar Sua Vida Para Melhor 61

Capítulo 4: Como Desentulhar Sua Casa 70

Capítulo 5: Ser Minimalista Não Precisa Custar Mais Dinheiro 80

Capítulo 6: Como O Estilo De Vida Minimalista Reduz O Estresse 89

Capítulo 7: Dicas E Truques Minimalistas 99

Conclusão 109

Parte 1

O que é o minimalismo?

Existe uma verdade amplamente reconhecida entre a comunidade minimalista: o materialismo consumiu a mentalidade de todos nós. Ele nos envenenou desde a infância e vem envenenando nossos filhos com a crença de que a riqueza material vai fazer você feliz, de que essa riqueza material é o objetivo que precisa ser alcançado na vida. Estamos em um estado constante de querer ou "precisar" mais. As empresas se alimentam dessa mentalidade. Elas fazem propagandas tendo-nos como alvo por causa disso. Por sua vez, isso apenas reforça a crença. Até que nos tornamos tão condicionados a acreditar que isso parece normal para nós. Ou seja, alimentamos o materialismo e o materialismo nos alimenta.

Porém, o minimalismo visa a reverter isso. Existem várias formas de minimalismo que provavelmente você já ouviu falar, como o Feng Shui ou o "downsizing", mas duvido que você tenha realmente pensado ou atuado nesse sentido, pelo menos até agora.

As pessoas estão mudando. O minimalismo está se tornando desejável e cada vez mais popular em nossa sociedade moderna. As pessoas começaram a perceber que suas vidas são muito confusas e que algo precisa mudar. O minimalismo é uma **tendência em ação**.

É mais do que apenas esvaziar o seu lixo e jogar fora algumas coisas antigas que você guardou por anos. O minimalismo é um **estilo de vida** que lhe dá a **oportunidade** de realmente apreciar as pessoas ao seu redor e o mundo que está disponível para você. É um modo de vida que melhora seu estado mental, seus relacionamentos, produtividade, sucesso, finanças, e amenidades da vida. A lista não tem fim. Em resumo, os princípios que estabelecem a base do minimalismo abrem caminho para uma qualidade de vida melhor em todos os aspectos.

O melhor é que o minimalismo é **subjetivo**. Claro, existem pessoas que realmente vivem com o mínimo que podem, mas isso é apenas uma fração da comunidade minimalista. A maioria das pessoas aderem aos princípios do minimalismo como meio de maximizar suas vidas, e não de restringi-las. Uma pessoa pode escolher qual nível de minimalismo quer para sua vida. No início, você pode começar arrumando a sua casa e isso pode levar a tarefas maiores. É através dessas mudanças simples que nossa perspectiva de vida muda. Para a maioria das pessoas, isso acontecerá naturalmente: quanto menos tiverem, menos vão quere ter. Isso basicamente reverte as condições gravadas em nós quando crianças.

Por que ser minimalista?

A maioria das pessoas que não sabem muito sobre o minimalismo presumem que isso significa simplesmente livrar-se de coisas que você não precisa para abrir espaço e reduzir o estresse. O que, até certo ponto, é verdade. Livrar-se do desnecessário é um fundamento do minimalismo e irá reduzir muito estresse em sua vida, mas essa não é a questão do minimalismo. Não é a razão pela qual as pessoas devem escolher um estilo de vida minimalista. Minimalismo significa **apreciar o** que é importante, ou melhor, ser capaz de apreciar o que é importante. É sobre mudar sua vida para que ela seja melhor. Isso catalisa a plenitude.

Agora, não o confunda com causalidade. Ser minimalista não significa que você será rico em um ano, com mais 100 amigos e uma vida livre de estresse. Sobretudo, o minimalismo lhe oferece uma **oportunidade** mais acessível para essas coisas. Por exemplo, a oportunidade de apreciar melhor as outras pessoas e estabelecer amizades, a oportunidade de aumentar sua produtividade no trabalho, o que poderia gerar mais ganhos, e assim por diante. Tenha isso em mente.

Os princípios do minimalismo

Eu preciso enfatizar este próximo ponto. Minimalismo é uma mentalidade e um estilo de vida. NÃO é um conjunto de regras. Ele pode ser implementado de formas diferentes na vida de qualquer pessoa. Contudo, há princípios fundamentais e diretrizes do minimalismo que devem ser levados em conta.

1) A omissão de coisas **desnecessárias**
É onde a maioria das pessoas começa quando se introduz no minimalismo e, para ser justo, é um ótimo lugar para começar. Olhe ao seu redor, onde quer que esteja. Seja no trabalho, em casa, no seu carro. Onde quer que você esteja, pense "tudo aqui é realmente essencial?". Você pode se livrar de alguma coisa desnecessária e abrir espaço?

2) **Comprando mais coisas: O que é necessário?**
Veja bem, tudo isso seria uma perda de tempo se você simplesmente substituísse todas as coisas das quais se livrou por novas coisas. Então não faça isso. Tenha a certeza de não estar comprando coisas simplesmente para satisfazer seus desejos. Compre o que é necessário. Não exagere e não esqueça o que é essencial. Isso deve ser aplicado a tudo, tanto para a sua compra de mercado semanal quanto para quase todo o resto.

3) **Fazendo menos: O que há na sua lista de tarefas?**
Seu tempo é precioso e você deve dar valor a ele! Não faça atividades desnecessárias que não agregam valor à sua vida ou a de qualquer outra pessoa ao seu redor. Isso inclui o que você escolhe fazer no seu tempo livre ou, até mesmo, o

que você faz no trabalho. Valorize seu tempo e aproveite ao máximo o tempo que você tem. Sempre.

Estes 3 princípios têm um ponto em comum: você precisa ser capaz de **identificar o essencial**. Precisa identificar o que é importante e o que pode ser removido da sua vida. Simplifique o que você precisa fazer. Isso pode ser tão fácil quanto cancelar uma reunião com a qual você realmente não precisa lidar, ou algo um pouco maior, como alugar uma bicicleta, para não precisar se preocupar com carros, seguros, impostos e tudo mais.

O objetivo desses princípios? Ter uma vida plena. Trazer você para o contato consigo mesmo e com o mundo ao seu redor sem ser pressionado pela natureza materialista da sociedade. Não ser influenciado pelas empresas que lançam uma sombra sobre nós. Seja melhor do que eles acham que você é. É isso que **minimalismo na sociedade moderna** significa.

O minimalismo é ideal para você?

Resposta rápida: **sim**. O minimalismo é a resposta para os problemas que nos são impostos pelo mundo materialista. É assustador pensar que a única razão pela qual temos essa atitude de "querer tudo, precisar de tudo" está gravada em cada um de nós como indivíduos desde o nascimento, e é assustador pensar que as corporações se alimentam disso para reforçar nossa necessidade de comprar seus produtos. . O minimalismo reverte esse condicionamento para permitir que você seja uma versão melhor e menos influenciada de si mesmo.
Não estou tentando dizer que o minimalismo é a resposta para todos os seus problemas. Mas, pelo menos na

minha experiência pessoal e na de milhares de outras pessoas, é um marco em direção às suas soluções. Pense no que já discutimos sobre o minimalismo e como ele pode ajudá-lo. Todos os aspectos do minimalismo direcionam você para uma vida mais plena e prazerosa, com menos estresse e sofrimento.

É claro que, se alguém quiser ter um estilo de vida minimalista, deve levar muitas coisas em consideração. Por exemplo: família, trabalho, preocupações genuínas com a vida. O minimalismo não exige que ninguém abandone a própria vida e se submeta a uma vida no campo. Ele é adaptável e deve ser tratado como um aperfeiçoamento da vida que você já tem.

Apenas lembre-se disso. O elemento mais importante e mais difícil de viver um estilo de vida minimalista é o compromisso inicial. Muitas pessoas lutam contra a ideia de que perderão o "indispensável". Elas caem na armadilha ao pensar "eu preciso disso" ou "eu paguei por isso, não terei nenhum benefício ao jogá-lo fora e desperdiçar o dinheiro".

ESTA É A PRESSÃO MATERIALISTA IMPOSTA A VOCÊ DESDE O NASCIMENTO. IGNORE ISSO.
Não deixe isso acontecer com você. Comprometa-se com a mudança e aceite-a. Os benefícios superam os custos. Ao tomar decisões, apenas pense: "Estou sendo materialista?". Isso ajudará.

Materialismo X minimalismo

Agora você já deve ter uma boa idéia do que são o materialismo e o minimalismo e como eles se comparam. Mas vamos entrar em mais detalhes.

A premissa filosófica do materialismo é que todas as coisas são materiais, incluindo a emoção humana, sentimentos, pensamentos e fé. Acredita-se que as posses preencham todas as nossas necessidades como pessoas. Por exemplo, se estamos tristes, há algo que podemos comprar para nos fazer felizes; se estamos com raiva, há algo que podemos comprar para nos acalmar. A ideia é que a posse caracteriza nossa qualidade de vida. Sem posses, não haveria vida.

Pode-se dizer, portanto, que o materialismo tem alguns princípios bastante negativos. Pense sobre isso. Os resultados do materialismo em nossa sociedade são:

- Aquisição de bens materiais: Leva à luxúria, inveja, falso conforto e associações insalubres;

- Interesse próprio: Leva ao egoísmo, falta de compaixão e ganância;

- Sucesso expresso por acumulação: Leva à inveja, falta de moral e fome de dinheiro.

Nenhuma dessas características são desejáveis para qualquer pessoa. Ninguém tem a seguinte mentalidade: "quero ser uma pessoa invejosa" ou "quero ser egoísta", mas nascemos e nos submetemos a um conjunto de princípios que geram diretamente essas características.

Os benefícios do minimalismo

De fato, não posso simplesmente fornecer uma lista exaustiva dos benefícios do minimalismo, e não acredito que alguém possa. Qualquer um que tenha abraçado o minimalismo concordaria. O benefício é você quem faz e isso é, obviamente, subjetivo para todos.

Mas existem os **"benefícios básicos"** do minimalismo que praticamente qualquer um pode desfrutar. Na realidade, os benefícios são muito mais profundos do que o que pode ser escrito em um livro ou blog.

1. Clareza de pensamento

Até agora, provavelmente você não fez nenhuma correlação entre as posses que você tem e seu estado mental ou emoções, mas a conexão entre as duas é inegável. Nossa tranquilidade aumenta significativamente quando nos livramos da nossa desordem.

É algo difícil de explicar e você não será capaz de realmente usufruir desse benefício até tentar o minimalismo por si mesmo. A única maneira de descrevê-la é como alívio. Alívio **genuíno**. Sem perceber, você está gastando muito de seus pensamentos nas coisas ao seu redor. É automático. Depois de remover a desordem, você entenderá o quanto isso pode fazer diferença para sua clareza de pensamento.

2. Saúde melhor

Este é um benefício que muitas pessoas resistem a perceber e tornam-se teimosas em aceitar. Até certo ponto, você pode enxergar o porquê. Como se livrar de algumas posses e tomar algumas decisões de maneira diferente o torna mais saudável?

Bem, somos trazidos de volta à sociedade em que vivemos. Todos nós temos tantos compromissos e deveres em mente que o estresse e a tensão causados estão nos derrubando. Nos acostumamos tanto a esse sentimento que o consideramos normal. Mas fazer cortes simples pode reduzir significativamente essa tensão em sua mente.

Se você está fazendo cortes em sua dieta, sua desordem, seu horário de trabalho ou qualquer outra coisa, sua saúde provavelmente será mais do que grata por isso.

3. Mais liberdade

Pense sobre isso: quanto tempo você gasta pensando sobre as coisas que possui ou sobre as coisas que deseja possuir? As coisas que seus amigos ou familiares possuem. As coisas que seu chefe pode possuir ou as coisas que as celebridades possuem. Se você calcular, gastamos muito do nosso tempo simplesmente pensando em posses e nem percebemos isso.

Mas imagine se você não fizesse isso? Imagine o sentimento que você teria se não precisasse checar seu telefone a cada 4 minutos. Imagine o tempo que você teria para realmente ser produtivo. Apenas

pare por um minuto e imagine esse sentimento.
Agora. Faça algo sobre isso.

4. Alívio do estresse

Esta é provavelmente a razão mais comum para que uma pessoa se apresente ao minimalismo. Pode até ser o que te levou a comprar este livro. Bem, você não está sozinho. O estresse tomou conta de todos nós. As pressões do mundo exigem tanto de nós que entramos em colapso e literalmente não conseguimos lidar com a vida que vivemos.

Mas pense em como você se sentiria se seu estresse simplesmente desaparecesse. Aquela sensação de você caminhando pela sua casa depois de uma limpeza completa, você conhece o sentimento? Imagine isso, mas o tempo todo e muito, muito maior. Imagine esse sentimento de clareza em todos os outros aspectos da sua vida. Até mesmo pensar em ser menos estressado provavelmente está deixando você menos estressado. O minimalismo fará exatamente isso.

5. Tempo

Produtividade é uma coisa maravilhosa. Ela nos dá uma sensação de realização, não importa o que estejamos fazendo. Simplesmente é bom fazer as coisas acontecerem. Esse é o efeito que o minimalismo terá em sua vida. Sem as distrações ou pensamentos sobre posses, você descobrirá que não quer fazer nada além de ser produtivo. Você aproveitará ao máximo seu tempo e começará a ficar viciado em produtividade. Você não vai mais querer sentar e não fazer nada. Em vez disso, você vai querer trabalhar, jogar, ver amigos... coisas que agregam **valor** à sua vida.

Mas o problema é que a ideia de produtividade assusta as pessoas. Ficamos preguiçosos e o simples *pensamento* de ser produtivo afasta a produtividade real. Quantas vezes você procrastinou aquela tarefa ou adiou limpar a casa até que você esteja no imite do tempo e seja forçado a fazer aquilo? Acontece com todos nós, mas se você se comprometer a incorporar princípios minimalistas em sua vida, você vai **querer** fazer mais e ficará feliz com isso.

6. Autoconfiança

A autoconfiança é uma característica muito procurada por qualquer pessoa. Quem não gostaria de estar confortável e confiante em sua própria pele? Ter confiança suficiente para se apresentar ou falar perante outras pessoas. Para ser "o cara". É uma característica desejável para nós como seres humanos. Eu quero deixar isso claro: não estou falando de popularidade; Eu estou falando de confiança genuína. Há uma diferença.

Imagine como você se sentiria se pudesse abandonar suas inseguranças e ser a versão de si mesmo que você tem em sua própria mente. A liberdade que você teria pode estar além da compreensão de algumas pessoas. O melhor é que a autoconfiança é algo que pode ser "desbloqueado" naturalmente. É algo que vai crescer dentro de você além do seu controle quando você se submete a um estilo de vida mais claro e simples.

7. Dinheiro extra

Este é um benefício bastante agradável e simples de comprar e fazer menos. Quanto mais dinheiro você tem, mais experiências significativas você pode aproveitar.

8. Relacionamentos

Um relacionamento não comprometido por bens materiais é um relacionamento melhor. Ponto-final. Quando você para de competir um com o outro, seja um membro da sua família, seu parceiro ou um amigo, você tem uma *oportunidade* melhor de se conectar (lembre-se do que discutimos anteriormente, certo?).

Seus relacionamentos têm a oportunidade de prosperar em uma vida não contida por um valor determinado por coisas materiais. Os melhores relacionamentos são construídos sobre experiências e lembranças.

9. Lembranças

Lembranças dão **significado** às nossas vidas. Qual seria o significado de qualquer coisa se simplesmente não nos lembrássemos disso? As lembranças dão sentido aos nossos relacionamentos, às nossas amizades e às nossas próprias vidas.

Os benefícios do minimalismo nos direcionam para uma vida melhor com menos estresse, melhores relacionamentos e melhores experiências. Preencha sua vida com lembranças felizes com pessoas de quem você gosta e você será feliz. De verdade.

10. Uma vida significativa: senso de propósito

Senso de propósito: sempre procurado, raramente encontrado. Esse é um benefício que significa algo diferente para cada propósito. Mas, à medida que os benefícios do minimalismo se manifestam e você começa a senti-los, seu senso pessoal de propósito retorna. Nessa direção de desejar retornar a sua vida com força total e se propor a fazer tudo o que sente que *precisa* fazer em sua vida.

Alcançando o minimalismo: um plano de 10 etapas

O minimalismo é alcançável, e embora não exista um único método para alcançá-lo em sua vida, existem alguns passos que você pode dar em direção a ele.

A tarefa de se adaptar a um estilo de vida minimalista pode parecer gigantesca. A complexidade é assustadora e pode afastar muita gente. É difícil saber por onde começar e ainda mais difícil de seguir depois de começar.

Às vezes é melhor levar as coisas devagar e de forma gradual para um estilo de vida mais minimalista. Isso vai parecer uma mudança mais suave e provavelmente permitirá que ela se integre melhor à sua vida.

Eu vou conduzir você através de 10 passos essenciais para uma vida minimalista. Adapte-os como quiser para que eles se identifiquem melhor com a sua própria vida. No final desses passos, você deve ter 11 hábitos recém-formados que permitirão a transição para o minimalismo.

1. Analise sua vida

Praticamente, o único lugar em que você poderá começar quando se submeter ao minimalismo é com uma análise de sua vida. É o passo mais importante no qual você será capaz de **internalizar** exatamente o que você quer mudar sobre sua vida e exatamente o que você quer ganhar com esse processo. Você precisa identificar o que mais importa para você e o que te faz mais feliz. Qual é o sentido que você quer encontrar na vida? Esse processo ajudará você a entender suas prioridades e a corrigi-las. Ao entender claramente o que é mais importante para você, você achará todo o processo do minimalismo muito mais fácil e mais viável.

Por exemplo, você pode decidir que TV é algo desnecessário em sua vida, mas isso não significa que será fácil se livrar dela. A TV provavelmente é algo que você usou por tanto tempo que você não pode imaginar uma noite sem ela. Mas refita: "o que mais eu faria com esse tempo?". É possível que você gastasse seu tempo com amigos ou familiares, adiantando algum trabalho ou algo mais que realmente te beneficiasse. Pensar assim facilitará todo o processo.

Analise sua vida e lembre-se constantemente do motivo pelo qual você está tentando um estilo de vida minimalista.

2. Avalie suas posses

Depois de ter suas prioridades em ordem, é hora de focar em seus bens materiais — sua bagunça, seus itens duplicados. Tudo o que você realmente não precisa em sua vida. Identifique tudo o que você possui e compare-os com suas prioridades, ou seja, "eu realmente *preciso* disso, ou é algo que está atrapalhando uma vivência significativa". Esta pode ser uma verdade difícil de aceitar, considerando o quanto todos nos tornamos ligados às nossas coisas, mas é uma verdade necessária.

Você também vai querer se livrar de outros itens e acúmulos que estão simplesmente ocupando espaço. Coisas que não têm utilidade para você, mas estão em sua casa mesmo assim.

Praticamente qualquer coisa que não acrescente nenhum significado real à sua vida.

3. Avalie seu tempo

Posses são apenas metade da batalha. O tempo é valioso, então você precisa eliminar atividades que desperdiçam tempo. Você precisa avaliar como está gastando seu tempo e pensar em como você pode mudar isso. Pode ser útil pensar em como você também *quer* gastar seu tempo quando elimina atividades de sua vida. Ao avaliar o seu tempo, você está maximizando a produtividade e a disponibilidade de experiências significativas. Você está dando mais um passo em direção à sua liberdade.

A melhor forma de conseguir fazer isso é escrevendo uma lista de todas as coisas que você faz e quanto tempo leva cada atividade. Priorize e elimine o que simplesmente não precisa estar lá, como por exemplo, assistir TV. Certifique-se de que sua nova lista avaliada esteja de acordo com suas prioridades.

4. Avalie seu tempo

Para continuar, você precisa avaliar com quem você gasta seu tempo. Essas pessoas devem ser pessoas que acrescentam algo à sua vida e a tornam melhor. Você quer boas amizades, bons relacionamentos com pessoas boas.

Quando você pensa em todas as pessoas que conhece e com quem passa algum tempo, pode descobrir que muitas delas são, sendo bastante franco, desnecessárias. Você só passa tempo com eles porque precisa ou porque sente que deveria fazer isso. Pare. Identifique as pessoas que são tóxicas e sobrecarregam sua vida e afaste-as. Gaste seu tempo com pessoas com quem você realmente se importa.

5. Limitando o que você não abre mão

No mundo moderno, quando alguém faz a transição para um estilo de vida minimalista, haverá atividades que não serão deixadas pra trás. Por exemplo, seria irracional esperar que alguém abandone seu telefone celular sendo ele essencial para o seu trabalho... e tudo bem. Mas se você não conseguir se livrar de algo, tente ao menos limitar o quanto você precisa usá-lo. Exclua os aplicativos que você não precisa ou não usa em seu telefone, livre-se de jogos que ocupam todo o seu tempo. Restrinja as atividades necessárias a limites razoáveis. Dessa forma, elas irão interferir em sua vida o mínimo possível.

Outro exemplo: apenas verificar seus e-mails duas vezes por dia, mesmo que você saiba que recebeu um e-mail. Se você estiver sempre respondendo às pessoas, descobrirá que não terá tempo para mais nada. É muito mais eficiente limitar a atividade.

6. Não seja multitarefa

Passando ao último ponto, ser multitarefa é ruim. É um uso ruim e ineficiente do seu tempo. Na verdade, pertencemos a uma espécie que não é tão boa nisso! Muitas pessoas dizem que funcionam melhor ou fazem muito mais quando são multitarefa, mas tudo o que estão fazendo é se enganar de forma persistente. Se você realmente gastasse o mesmo tempo fazendo tarefas em uma ordem estruturada que o que gastaria sendo multitarefa, teria feito **muito** mais. Com um pouco de pesquisa, você mesmo pode encontrar inúmeros estudos mostrando isso.

Na verdade, é bem simples. Ser multitarefa limita sua produtividade e causa estresse desnecessário em nossas mentes, o qual podemos eliminar facilmente de nossas vidas. Não faça isso.

7. Avalie seus objetivos

Nossos objetivos são o que nos impulsiona a cada dia. Eles são o que consideramos ser nossa motivação para a vida e são diferentes para cada um de nós. O objetivo de uma pessoa pode ser ter uma família feliz, e o de outra pessoa pode ser viajar pelo mundo. Esses objetivos são o que você pode considerar como metas "finais" - metas para toda a vida. Outros objetivos, no entanto, podem não ser compatíveis com um estilo de vida minimalista. Você deve sempre gastar algum tempo avaliando seus objetivos. Pense no primeiro passo, no qual você priorizou o que é importante em sua vida. Como seus objetivos vão de encontro a isso? Às vezes você pode precisar repensar o que você quer alcançar na vida e ter certeza de que é uma prioridade, não algo que está simplesmente atrapalhando o que realmente importa para você. Também pode ser útil limitar seus objetivos a alguns objetivos possíveis, em vez de infinitos, que, na realidade, provavelmente nunca acontecerão.

8. Pequenos passos

É importante "não dar um passo maior que a perna". Você achará a transição para o estilo de vida minimalista muito mais fácil e é mais provável que funcione se você fizer a mudança gradualmente, em vez de tentar fazer tudo em um dia. Talvez você possa organizar sua casa na próxima semana e depois passar para outra tarefa. Assim será muito mais fácil para você. Você pode até querer repartir ainda mais essa tarefa, ou seja, organizar cômodo por cômodo.

9. Viva o momento

Não more no passado. Com certeza, você deve aprender com suas experiências, mas não se prenda a isso. Isso não trará nenhum benefício para você. Em vez disso, você deve sempre estar olhando para o futuro ou vivendo o agora, no momento presente. Aproveite ao máximo seu tempo. Nada do que foi feito pode ser alterado, mas a história futura pode ser escrita agora. Pense nisso. Isso mudará sua vida.

10. "Estou sendo minimalista?"

Finalmente, o passo 10. Talvez este seja o passo que sobrepõe todos os outros. Você deve sempre se perguntar "isso me ajuda a viver de maneira minimalista?" ou "estou sendo materialista?". Ao fazer isso, você estará indefinidamente mais propenso a manter um estilo de vida minimalista. Muitas vezes as pessoas descobrem que voltaram às suas formas materialistas sem sequer perceberem e então precisam voltar ao passo 1. Se você fizer isso, todo o resto vai funcionar. Seus hábitos de compra mudarão, sua vida social mudará, suas prioridades mudarão. Tudo para melhor. Isso irá organizar sua vida e antes mesmo de você perceber, você se tornou um minimalista.

Parte 2

Introdução

Obrigado por reservar um tempo para fazer o download deste livro: Vida Minimalista. Este livro aborda o tema da vida minimalista e vai ensiná-lo a simplificar sua vida e organizar sua casa para que possa aproveitar uma vida livre de estresse. Não só isso, mas também vai ensiná-lo a implementar características do estilo de vida minimalista mesmo quando você sai de sua casa em um mundo que julga riqueza como aquilo que você possui, e não pelo que você aprende, age e sente.

A vida minimalista nada mais é do que a prática de simplificar o estilo de vida. Independentemente de estar se livrando de distrações, amigos, ou objetos desnecessários em sua casa, essa ideia permeia nossa cultura quando se trata de associar relaxamento e estresse com nossa vida cotidiana.

Pense à respeito: ao chegar em casa após um longo dia de trabalho você provavelmente tira as suas coisas do caminho, chuta os sapatos, se joga no seu sofá ou cadeira preferida e simplesmente olha para o vazio. Talvez você feche os olhos e respire fundo, ou talvez você até fale sozinho sobre o seu dia estressante. O ponto é que nenhuma luz acende, nenhuma televisão está nas alturas e nenhum objeto é movido para perto de você a fim de atrapalhar o seu espaço pessoal. Isso é uma forma de minimalismo, embora seja um minimalismo temporário.

Algumas pessoas veem o minimalismo como um aumento na auto-suficiência. Elas reduzem sua dependência em ideias geradas pelo homem, como eletricidade, mercados e até encanamento. Para muitos essa redução de comunicação com a constante agitação e quantidade absurda de pessoas e barulho é muito relaxante e pode trazer um estilo de vida pacífico e livre de estresse. Mas, para alguns, esse estilo de vida é estressante só de pensar.

Não importa como alguém opta por exercer seu estilo de vida minimalista, no entanto, há dois componentes principais que abrangem todas as implementações dessa forma de vida: a ideia de estar satisfeito com o que se tem em vez de se concentrar no que quer e a ideia de buscar posses interiores em vez de posses externas. Estes dois ideais são o que ditam algumas das coisas que começaremos a aprender neste livro. Desde como organizar o seu lar e torná-lo um ambiente livre de estresse ao chegar em casa, até como ser minimalista com um custo de vida baixo.

Muitas pessoas estão sob a impressão incorreta de que ser minimalista de alguma forma requer mais dinheiro. As pessoas pegaram esse estilo de vida que deveria ser sobre desconsiderar posses materiais, puseram sob sua visão estereotipada e substituíram por, você acertou, posses que se deve ter a fim de "provar" que você é minimalista. Este livro não só lhe provará que ser minimalista não requer muito dinheiro, como também mostrará que minimalismo está diretamente ligado a um custo de vida baixo.

Ao concluir este livro, você não apenas terá uma boa compreensão de por que o minimalismo é um estilo de vida melhor, mas também entenderá como valorizar o que aprende, o que sente e o que tem a oferecer mais do que as coisas materiais com as quais você se cerca.

Bem vindo ao mundo da vida minimalista. Que a paz que você encontra e as coisas que você joga fora não beneficie apenas sua alma, mas também beneficie outra pessoa viva.

Capítulo 1: A Filosofia Minimalista

Existem diversas tradições espirituais e religiosas que incentivam um estilo de vida mais simples. Sidarta Gautama, os Nazireus bíblicos (mais notavelmente, João Batista) e as tradições Sramana da Idade do Ferro na Índia são apenas alguns exemplos de muitos que acreditam na filosofia minimalista. Até mesmo a figura bíblica de Jesus é dita diversas vezes na Bíblia como tendo vivido uma vida simples. Ele incentiva seus discípulos em páginas de texto a "não levar nada para sua jornada, a não ser um cajado -- nem pão, nem sacola, nem dinheiro à cintura --, mas que calçassem sandálias e não usassem duas túnicas." Essa ideia minimalista não é simplesmente uma filosofia de "viajar com pouco peso" como um vendedor ocupado viajando de cidade em cidade, mas abrange todo um estado de ser que prioriza a jornada sobre os bens adquiridos ou comprados durante ela.

Muitas outras pessoas notáveis da história confirmam que a ideia de inspiração espiritual as levou a adotar um estilo de vida mais simples: Liev Tolstói, Mahatma Gandhi e Bento de Núrsia são só alguns dos exemplos que permearam pela história e exibiram esta forma de viver e a inspiração e satisfação que vêm dela.

Esses tipos de tradição de vida minimalista remetem aos tempos em que o Oriente estava prosperando com líderes como Zaratrusta e Confúcio. Foi um princípio fundamental ensinado nas culturas judaico-cristã e greco-romana, e mesmo uma figura importante dentro da antiga prática filosófica grega do cinismo, Diógenes de Sinope, afirma dentro dos ensinamentos que uma vida simples era absolutamente necessária para alcançar a virtude.

Ainda hoje, existem muitas seitas religiosas de pessoas que praticam um modo de vida que é intencionalmente desprovido de tecnologia e riqueza, e os excluem por grandes razões filosóficas e religiosas. Alguns dos grupos mais populares são os Amish, os Menonitas e alguns Quacres. A seita quacre do sistema de crenças cristãs até tem algo chamado Testemunho de Simplicidade, que é simplesmente a crença de que alguém deve viver sua vida de uma maneira simples, desprovida de todas as coisas consideradas posses desnecessárias e buscar satisfação em suas vidas através de suas relações com Deus.

Mas ainda existem várias pessoas fora das seitas religiosas e filosóficas que consideram um estilo de vida minimalista e simplista a melhor forma de viver. Jean-

Jacques Rousseau elogiou e enalteceu os caminhos de uma vida simples em vários de seus escritos. Mais notavelmente em seu *Discurso sobre a Origem e os Fundamentos da Desigualdade entre os Homens* e seu *Discurso sobre as Ciências e as Artes* baseiam-se em torno desse exato princípio.

Uma crença secular chamada epicurismo se baseia nos ensinamentos inerentes do filósofo Epicuro. Seu principal princípio sustentava uma vida tranquila e livre de estresse e a mantinha como modelo para a felicidade, e ensinava que isso poderia ser possível por meio de escolhas cuidadosamente consideradas por um indivíduo que lidera sua vida no dia-a-dia. Especificamente, no entanto, Epicuro apontou, dentro de seus ensinamentos baseados em Atenas, que os problemas eram causados e ignorados por viver um estilo de vida extravagante e defender essa ideia. Ele ensinou que a extravagância geralmente supera o prazer que está sendo obtido ao participar dela, e é isso que, em última análise, leva à infelicidade dentro de um estilo de vida exagerado.

Portanto, ele teorizou que o que é absolutamente necessário para a felicidade e conforto físico, bem como necessário para viver uma vida básica, deve ser trabalhado para ser mantido a um custo mínimo, e qualquer coisa extravagante que exija que um orçamento seja extrapolado deve ser evitada por completo se não puder ser moderada.

Ainda outro grande influenciador no estilo de vida minimalista é Henry David Thoreau. Este naturalista e autor americano é mais conhecido por seu livro *Walden*. Este livro é a manifestação física de um experimento que Thoreau fez durante dois anos, onde viveu nas margens da lagoa Walden e escreveu suas experiências e lições aprendidas com elas. Ele faz muitas afirmações para defender não só um estilo de vida minimalista, mas um estilo de vida auto-sustentável, ao longo de todo o texto, e é amplamente considerado por muitos naturalistas como um grande ponto de vista da vida sustentável.

Mas a influência de Thoreau não parou por aí. Na Grã-Bretanha, na época, Henry Stephens Salt popularizou a ideia de um estilo de vida mais estável e razoável, baseado na realidade daqueles ao seu redor. Logo, outros defensores britânicos surgiram das cinzas para adotar esse tipo de estilo de vida e as filosofias ditadas por ele, e muitos desses defensores incluíam William Morris, Charles Robert Ashbee e John Cowper Powys.

Este estilo de vida se espalhou entre as famílias por séculos. Embora fosse defendido até mesmo nos tempos de

Jesus Cristo, as famílias religiosas e espirituais passavam esses ideais e maneiras de viver entre eles e, conforme a tendência se aproximava do que seria considerado "tempos modernos", a Inglaterra começou a tomar posse desses ideais e passá-los para outras classes sociais também. Nas décadas de 1920 e 1930, uma família do sul dos Estados Unidos, os Vanderbilt Agrarians, era forte defensora de uma cultura e estilo de vida centrada em valores sustentáveis e tradicionais da agricultura simples e rejeitava totalmente o industrialismo progressista e urbano que começava a permear pela nação nesta época. Muitas pessoas na história, como Richard Gregg e Thorstein Veblen, alertavam a sociedade contra a ideia de consumo conspícuo de coisas que não eram realmente necessárias, e advertiram fortemente sobre os tipos de traços de personalidade que poderiam ser definidos e enraizados em uma pessoa por conta do consumo materialista pródigo e desnecessário.

Então, pessoas como Ernst Friedrich Schumacher vieram a público e começaram a se unir contra essa linha de raciocínio. Conforme a Revolução Industrial progredia pelas nações e sociedades, muitas pessoas criticaram o "modo de vida mais tradicional" que buscava voltar a raízes mais simples e autossustentáveis, enquanto outras acreditam no estilo de vida que pregava que "mais era melhor". Aqueles que criticaram a vida minimalista foram tidos como heróis pois eram vistos lutando pelo progresso, e aqueles que se uniram contra esses movimentos industriais progressistas eram vistos como tradicionalistas que já "haviam tido o momento deles" e precisavam sentar e deixar as gerações em crescimento pintarem o mundo da forma que achassem adequada.

Isso soa um pouco familiar, não?

Qual é a filosofia minimalista? Ora, é simplesmente a escolha consciente de viver com menos. Com essa filosofia ampla, surgem muitas interpretações diferentes. Alguns interpretam simplesmente como uma organização de sua casa e a doação para os mais necessitados, chamada de "limpeza de primavera". Alguns interpretam como um estilo de vida que exige vender seus bens e sua casa e viver com um orçamento apertado enquanto viaja pelo país, reduzindo a produção de lixo e vivendo ao máximo com o mínimo, chamado de "vida de *motorhome*". Alguns interpretam isso como uma forma de desvincular completamente dos princípios fundamentais de vida criados pelo homem, tornando-se totalmente autosustentáveis, desde o cultivo de suas próprias plantas até a caça de seus próprios animais e até mesmo a produção de eletricidade através de painéis solares.

Esse tipo de vida tem sido chamado de "vida fora do radar".

Todas essas tendências e estilos de vida nascem de uma ideia distinta, e essa ideia é a vida minimalista. O minimalismo tem até uma tendência na decoração e na produção de filmes, em que as cores fortes e a bagunça na tela e dentro da casa são substituídas por uma escala monótona e apenas mostram o necessário para comunicar a mensagem ou servir a um propósito básico.

Embora isso seja uma ramificação do minimalismo, a idéia de "fazer mais com menos e estar satisfeito com isso" ainda existe dentro daqueles processos criativos fundamentais e linhas de raciocínio.

No entanto, viver esse tipo de estilo de vida em uma sociedade que se orgulha mais de posses e propriedade do que o desenvolvimento do caráter e da qualidade de vida é algo difícil de se fazer. Onde quer que você olhe, as pessoas estão brilhando em seus carros e comprando seus cafés caros, enquanto jogam suas bolsas de grife sobre os ombros e tentam evitar poças d'água para não sujarem os sapatos recém-adquiridos.

Lembre-se, um estilo de vida minimalista não julga aqueles que escolhem viver em excesso ou comprar itens extravagantes de tempos em tempos. Um estilo de vida minimalista simplesmente escolhe não se dedicar a esses tipos de práticas por causa de uma escolha pessoal feita a fim de reduzir a quantidade de estresse na sua vida.

Então, como você evita toda essa tentação? Como você pode ter um estilo de vida minimalista sem se limitar à sua casa recém-organizada, que o lembra de ficar no caminho certo?

É muito mais simples do que pensa.

Capítulo 2: Sendo Minimalista Em Uma Sociedade Possessiva

Quando você vai para o seu carro toda manhã, qual a primeira coisa que pensa? Para alguns, você pode estar se perguntando se suas jóias estão amassadas ou se a sua maquiagem está borrada. Ou você pode estar atrasado, então está se perguntando se deve passar ou não na cafeteria para pegar uma xícara do seu café favorito. Talvez você esteja se perguntando se sua gravata está torta, ou se você se veste bem o suficiente e se a aparência do seu paletó fará alguma diferença para você conseguir a promoção dos seus sonhos. Você pode estar ansioso para um fim de semana de compras com seus amigos e precisando daquela "terapia de varejo" para descansar depois de uma semana estressante.

Ninguém para pra pensar que aquela horinha a mais de sono que você perdeu para aperfeiçoar a sua maquiagem pode ter colaborado para a exaustão que está sentindo. Ninguém para pra pensar que essa "terapia de varejo" vai direto para o cartão de crédito, apertando o orçamento do mês seguinte, criando mais estresse para você ter que lidar. Ninguém para pra pensar que há uma possibilidade do seu chefe estar de olho no seu desempenho no trabalho ao invés do seu terno ou gravata.

Agora, não estou dizendo que um estilo de vida minimalista significa negligenciar sua aparência, nunca tomar banho para economizar na conta de água e não se importar com como você aparenta para o seu chefe. O que estou dizendo, no entanto, é que a influência emocional que esses itens têm na sua vida é o que está causando o estresse e a exaustão que está sentindo.

Neste mundo, há simplesmente demais. Há muitos sapatos e muitas joalherias, muitos shoppings e muitas lojas nestes shoppings. Lojas de velas têm perfumes diferentes por metros a fio e lojas de móveis têm muitas opções para uma família em crescimento escolher como mobiliar sua casa. E, com todos esses muitos produtos vêm muitos vendedores tentando te convencer a comprar seus vários produtos. Eles atacam pelo seu apego emocional às coisas, convencendo-o de que você pode "precisar" de algo por causa da criação de uma falsa conexão emocional e, em seguida, empurrando uma história sobre como eles, de alguma forma, melhorarão a vida que você está vivendo.

Então você chega em casa e percebe que pode ter zerado sua conta bancária, ou usado um dinheiro que estava reservado para ir à praia, ou até mesmo ter acabado com o dinheiro da conta de luz, e agora você está em pânico, estressado e correndo atrás de dinheiro.

Neste mundo, há muito de tudo, e de muitas formas é mais fácil viver num estilo de vida sobre "coisas" do que num estilo de vida sobre "nós".

Este mundo está ocupado. Pessoas levam trabalho consigo para casa e ficam acordadas até 1h da manhã tentando ficar à frente para causar uma boa impressão no chefe para que consigam subir na carreira. E entre trabalho e promoções existem obrigações familiares, amizades que você quer manter caso queira passar a imagem de uma vida social, e mídias sociais te atraindo se quiser acompanhar as tendências e não ficar para trás no mundo da cultura pop.

Em uma cultura do "agora", não é de se admirar que passear pelo shopping e comprar itens materiais é a atividade número um entre homens e mulheres com idades entre 25 e 55 anos.

A ideia de entrar em uma loja e sair com algo na mão é emocionante. Em um mundo que requer tanto esforço para conseguir um aumento mínimo ou uma promoção, a ideia do "imediato" é uma boa pausa desse tipo de vida. Restaurantes e shoppings crescem com essa necessidade de satisfação instantânea. As mídias sociais aproveitam a necessidade de informações instantâneas, acesso instantâneo, uploads instantâneos e atualizações instantâneas de suas celebridades favoritas.

Eles têm se aproveitado deste desejo pelo imediato porque reconheceram que sua vida está rodeada de trabalho duro, longas horas e perseverança por algo que pode nem ser alcançável.

Então, essa história aparece em nossos celulares. Nosso feed de notícias de acesso instantâneo mostra a história de um empresário bilionário que largou tudo que tinha para viver uma vida frugal. E isso nos mata! Por que alguém simplesmente deixaria para trás bilhões de dólares suados só para viver como você já vive?! Consideramos isso quase como um tapa na cara, que de alguma forma viver da mesma maneira que pessoas "comuns" vivem depois de ter um estilo de vida tão rico e extravagante vai contra o sonho que *você* tem, que é trabalhar minimamente e nunca ter que se preocupar com dinheiro de novo.

Mas, muitos milionários e bilionários já fizeram isso. Jon Pedley, Percy Ross, Yu Panglin, and Chuck Feeney são apenas alguns de dezenas de empresários milionários que chegaram até o topo, viveram luxuosamente, comeram e beberam em mansões à beira da praia, e um dia acordaram e decidiram desistir de tudo isso para ter um estilo de vida mais simples.

Eles são representações vivas do fato de que dinheiro, bens e coisas materiais nem sempre são o caminho para a felicidade, contentamento, e uma vida boa. São representações vivas do que Schumacher defendeu na Revolução Industrial: mais nem sempre é melhor.

Esses homens hoje ainda defendem que fizeram a coisa certa. Disseram a muitas pessoas e veículos de comunicação que encontraram um equilíbrio em suas vidas que não conseguiam encontrar com a riqueza que tinham e que não conseguem se lembrar de um momento em que estivessem tão felizes.

Eu sei, eu sei. Você está aí sentado olhando para o seu celular enquanto sua dívida crescente grita no fundo da sua mente, e você está aí se perguntando qual problema psicológico eles podem ter para justificar esse pensamento. Mas, não há nenhuma condição psicológica anormal presente, eu posso garantir.

Então, como você mantém seu espírito minimalista em uma sociedade possessiva? O primeiro passo é respeitar os seis grandes ideias da vida minimalista: menos é mais, elimine o que não é essencial, viva no momento, organize seu tempo, encontre seu propósito e se concentre em você. Ao adotar e praticar estes seis pontos fundamentais, você aprenderá a transformar seu foco de motivação externa em motivação interior.

Tudo ao nosso redor são motivadores externos: você trabalha duro para uma promoção, fica acordado até tarde da noite trabalhando para não ser demitido, faz dieta e se exercita para perder peso para que possa comemorar se satisfazendo com seu pedaço de bolo favorito.

Por todo lado há pessoas pessoas voluntariamente saindo vazias para que possam colher os benefícios de uma motivação externa. Isso confunde muitas pessoas no quesito motivação interna, onde a vontade de fazer algo, assim como a recompensa, vem de dentro. Ao desenvolver maneiras de administrar melhor o tempo, você se torna menos propenso a acidentes e a reuniões aleatórias que envolvem você em estresse, porque você liberou tempo no seu dia para trabalhar nisso. Ao focar em si mesmo, você é capaz de ir fundo e encontrar o que realmente deseja, ao invés de mascarar seu desejo com tentações sociais em um esforço frugal para alcançá-lo agora, em vez de trabalhar para isso mais tarde.

Concentrando-se na ideia de eliminar o que não é essencial, você provará para si mesmo não apenas como o estilo de vida pode ser satisfatório, mas também como muitas das coisas que comprou são desnecessárias. Isso pode deixar mais clara a legitimidade de viver do que simplesmente qualquer outra faceta da filosofia.

O minimalismo pode mudar sua vida de formas que você nem entende.

Capítulo 3: Como O Minimalismo Pode Mudar Sua Vida Para Melhor

Um estilo de vida livre de estresse não é o único benefício que vem do minimalismo e deste estilo de vida mais simples, livre do domínio das posses sobre você. Há mais motivos para organizar sua casa além de parar de bater o dedinho do pé às 3 da manhã quando você está indo fazer xixi, embora isso seja uma enorme vantagem. Essa idéia que se incorpora à oposição dos ideais consumistas ocidentais tem muitas vantagens diferentes que as pessoas não percebem antes de tomar coragem para viver desse jeito (o que é totalmente encorajado, à propósito).

Primeiramente, menos coisas significam menos dívidas, e menos dívidas significam mais liberdade financeira. Pague esse cartão de crédito e corte-o por completo. Não estamos falando para abandonar seus empréstimos estudantis e vender todas as suas coisas. O que está sendo discutido é se você realmente precisa dessa jaqueta cara que ia passar no seu cartão de crédito momentos atrás. Sim, seu pagamento do cartão de crédito pode ser apenas 15 dólares por mês, mas mas com juros e taxas, essa jaqueta de 100 dólares se torna uma jaqueta de 150 dólares, e tudo isso à custa de poder pagar mais tarde.

Se você só tivesse a opção de pagar em dinheiro, teria comprado? Se sim, então, em primeiro lugar, por que está usando o cartão de crédito? Se não, então você não apenas economizou 100 dólares, mas também os outros 50 dólares adicionais que os juros e as taxas teriam lhe roubado.

Ter menos coisas significa ter mais liberdade financeira para fazer as coisas que você sempre sonhou em fazer, como andar de caiaque em Yellowstone ou tirar férias na Irlanda.

Você pode até pegar esse dinheiro e economizar para comprar sua própria casa. Ninguém está lhe dizendo que ter uma casa é uma compra desnecessária.

Ter uma atitude e estilo de vida minimalista também pode ajudá-lo a ajudar o meio ambiente. Se você tem menos coisas, você tem menos para jogar fora ou substituir. Essa ideia do consumismo constante está acabando com o meio ambiente ao nosso redor, então ao reduzir as coisas que temos e as "coisas necessárias" que usamos, podemos reduzir nosso impacto ambiental e ajudar a manter este planeta em um bom estado de funcionamento. Com um consumo menor de produtos, significa que menos recursos são gastos para criar os itens de montagem e menos poluição é liberada no ecossistema.

Com este estilo de vida minimalista vem também tempo para ser mais produtivo.

Se você tem menos coisas ao seu redor para distraí-lo e dedicar seu tempo e atenção, esse tempo e atenção podem ser gastos em coisas que realmente importam. Quer se trate de passar tempo com amigos e familiares ou indo passear no seu lugar favorito para fazer o trabalho necessário em um lugar que te faz sorrir, libertar-se de todas as distrações consumistas pode melhorar a qualidade de vida porque troca uma fonte de atenção por outra. Há tantas coisas que você pode fazer nesse tempo extra que melhoram a vida que você está vivendo atualmente - ioga, meditação, exercícios, jardinagem, caminhadas e até mesmo a pesca e a caça podem ser consideradas atividades que aliviam o estresse e que muitas pessoas simplesmente "não têm tempo para fazer".

Você pode se livrar de todas as distrações descartando e doando coisas que você não precisa e reservando tempo para esses tipos de atividades que podem diminuir ainda mais os seus níveis de estresse.

Não apenas isso, mas você pode ter certeza de que está dando um bom exemplo para muitos outros. Se você tem filhos, seus filhos vão observar o que você está fazendo e aprender a viver suas vidas da mesma maneira que você. Se você odeia a maneira como gasta dinheiro quando faz compras, mas seus filhos estão vendo você fazer isso de qualquer jeito, eles vão adquirir esse hábito quando forem mais velhos e sofrer com os mesmos tipos de coisas com as quais você sofre.

Mas se você puder evitar esse sofrimento e levar um estilo de vida mais livre de estresse, vai ensinar aos seus filhos que é assim que a vida deve ser desfrutada.

Essa mesma influência pode afetar amigos, colegas de trabalho e até mesmo outros membros da família, como seus pais. A frase "seja a mudança que você deseja ver no mundo" é muito verdadeira nesta seção do livro, porque a melhor maneira de introduzir mudanças nas pessoas que te cercam é emular essa mudança para elas. Em vez de falar sobre isso, debater sobre isso e depois contar aos outros que é uma boa ideia, simplesmente faça você mesmo. Deixe que a mudança em sua vida seja a prova que os outros precisam para implementá-la em suas próprias vidas.

Outra bela razão é que viver um estilo de vida minimalista renova suas reservas de energia. Para muitas pessoas, entrar em suas casas e ver a bagunça ao redor delas serve como um lembrete de que há coisas que estamos deixando entrar em nossas próprias casas. A desordem pode servir como um lembrete de que estamos constantemente atrasados em algo ou tendo que negligenciar um aspecto de nossas vidas para nos concentrarmos em outro. Além disso, posses têm esse poder estranho sobre nós: eles nos prendem em áreas que não precisamos estar presos. Ter muitos pertences pode fazer com que candidatar-se a um novo emprego e mudar-se para outro estaco pareça um aborrecimento simplesmente porque não queremos lidar com a bagunça que existe dentro de nossas casas.

Então fazemos da nossa desordem e posses o bode expiatório para o motivo pelo qual não podemos aceitar agora esse trabalho que obviamente nos faria mais felizes, mesmo que pagasse um pouco menos.

Quanta vida você está perdendo porque suas posses estão te prendendo?

Quando você tem menos coisas, você está mais disposto a assumir riscos e se mudar, explorar e viajar para lugares que finalmente resultariam em sua felicidade.

No entanto, um dos maiores benefícios possíveis de viver um estilo de vida minimalista é se libertar do "jogo de comparação". Nessa sociedade, nossa riqueza, auto-estima e status social são rotulados pelas coisas que possuímos. No ensino fundamental as crianças são classificadas pelas roupas que vestem e se são de marca ou não. No ensino médio os adolescentes são classificados pelo tipo de eletrônico que carregam e se é o modelo mais recente de iPhone ou não. No mundo dos adultos o jogo de comparação e classificação ainda é o mesmo.

Entenda: ninguém vai se levantar em seu funeral um dia e falar sobre aquele telefone incrível que você teve no ensino médio ou sobre aqueles sapatos incríveis que você possuía no ensino fundamental. Eles vão falar sobre a pessoa que você era, como você viveu sua vida, as morais que você tinha ou não, e as pessoas que você amava ou não.

No final, ninguém vai lembrar o nome do designer que criou o seu vestido de noiva. Eles vão lembrar o tipo de pessoa que você é. Quando você conseguir liberar-se desse jogo de comparação e classificação e mergulhar em um mundo onde o seu valor não é classificado pelo que você possui, mas pela maneira como você age e quem você é, seus níveis de estresse diminuirão simplesmente porque você não sentirá mais a necessidade de manter-se atualizado sobre tendências, moda e outros. Você começará a valorizar o que tem em vez de invejar o que não tem e isso abrirá caminho para que os aspectos mais amplos da filosofia minimalista permeiem os cantos de sua existência.

Pronto para o primeiro passo?

Capítulo 4: Como Desentulhar Sua Casa

Para muitos, o primeiro passo dado para viver um estilo de vida mais minimalista é simplesmente organizar sua casa. Para alguns, este é o único passo dado, embora encorajemos você a aplicar esse tipo de atitude de organização ao longo de sua vida. Muitas pessoas não entendem o estresse que vem ao ter muitas coisas. Quer você esteja constantemente batendo o dedinho do pé na cadeira ou estressado por todos os livros e papéis de seu escritório, coisas desorganizadas e desnecessárias em nossas vidas podem levar a estressores que nos dão a ilusão de que acabamos não tendo controle.

Mas você tem controle.

Embora a organização da sua casa pareça bastante simples, ela pode rapidamente se tornar uma atividade difícil para qualquer pessoa que esteja tentando. Os seres humanos têm uma tendência em atribuir valores sentimentais a objetos inanimados, sejam eles reflexo do nosso passado de forma positiva ou negativa. Isso por si só pode nos impedir de tomar as providências necessárias para nos livrarmos da bagunça que está só em nossos armários, quem dirá a bagunça por toda a nossa casa.

A primeira coisa a fazer é ter certeza de que você entende a diferença entre preservar memórias e preservar emoções. Memórias, como fotos, álbuns e memorabilia são coisas boas de se manter. São coisas que nos lembram de dias e pessoas que passaram por nós. Desentulhar sua casa não significa se livrar dessas fotos e memórias preciosas. No entanto, existe uma diferença entre a roupa de formatura do seu filho e o seu primeiro berço.

Uma é a óbvia diferença de tamanho. A outra, no entanto, é a diferença entre apego à lembrança e apego emocional.

O apego à lembrança é quando você olha para um objeto como uma foto ou a primeira roupa em que seu filho chegou em casa e se lembra de um local físico, rosto e hora em que aconteceu. Um apego emocional é quando você olha para um objeto como um berço, sofá, ou algum item de memorabilia e você se lembra dos sentimentos que eles te trouxeram. Você se lembra do momento em que colocou seu filho no berço pela primeira vez. Você se lembra daqueles momentos sentimentais em que você acordou a noite toda para cuidar de seu filho doente. Você se lembra do momento em que ele finalmente ficou grande demais para o berço.

Um vem com um momento particular, o outro vem com uma série de momentos que despertam fortes reações emocionais.

A princípio será difícil diferenciar os dois, e é por isso que algumas pessoas baseiam-se puramente pelo tamanho dos objetos ao classificá-los. No entanto, esta é a diferenciação que você está realmente fazendo: um item que você mantém tem uma tendência a se basear em um evento específico, enquanto um item que é doado tem a tendência de lembrá-lo de várias situações.

Isso vem com o tempo, não entre em pânico.

A única grande dica ao organizar sua casa é ter alguém para ajudá-lo. Esta pessoa vai dar uma opinião imparcial quando se trata de guardar a jaqueta de couro ainda com a etiqueta que você comprou há dois anos para um passeio que você nunca fez. Ela te manterá focado no seu objetivo, mas também perceberá quando doar algum item pode ser exagero.

Outra coisa que precisa ser entendida é que desentulhar uma casa não é algo que acontece em um só dia, e até acontece em etapas para muitas pessoas.

Livrar-se desses apegos emocionais é difícil e é uma das muitas razões pelas quais nossas "coisas" nos trazem tanto estresse. Estar cercado por coisas que constantemente despertam diferentes emoções está drenando nossas vias neurais, nossos sistemas límbicos e nossas glândulas supra-renais. Estar emocionalmente desgastado é um modo de vida para a maioria das pessoas e elas nem percebem isso!

Então comece por um cômodo. Escolha qualquer cômodo da sua casa e tenha como objetivo arrumá-lo até o fim do dia. Traga caixas e doe materiais, ou até venda algumas coisas para juntar um dinheirinho para outras coisas mais importantes (como aquelas contas chatas que todos temos que pagar).

Depois vá de cômodo em cômodo e livre-se das coisas desnecessárias das quais você pode lidar agora. Se um item está muito ligado a sentimentos para você se livrar agora, não entre em pânico e cause mais estresse desnecessário. Muitas pessoas percebem que, mesmo que estejam desentulhando a casa cômodo por cômodo, é necessário fazer isso duas ou três vezes até que a casa esteja realmente livre de toda a bagunça.

Assim como desentulhar significa se livrar das coisas, também pode significar organizá-las. Muitas pessoas ainda utilizam uma papelada para manter os registros sobre tudo o que é importante quando lidam com carros, serviços médicos, contas médicas e documentos importantes. Embora ter um estilo de vida minimalista possa ser bem tranquilo para o seu bolso, às vezes uma compra para se manter organizado se faz necessária. Comprar um armário de arquivo ou pastas suspensas que você possa guardar em um arquivo é um investimento relativamente barato para juntar todos os documentos importantes que estão espalhados pela casa e concentrá-los em um único lugar que você consiga acessar facilmente.

Para alguns, organizar armários será o mais difícil. Algumas pessoas naturalmente têm um armário pequeno, e outras armários naturalmente grandes. Se você é desses que têm um armário grande, aí vai uma dica para arrumá-lo: pegue uma caixa e coloque-a atrás de você. Calmamente tire cada peça de roupa, uma a uma. Se você não a veste há mais de um ano, jogue-a na caixa. Essas roupas podem ser vendidas ou doadas e esse processo vai ajudá-lo a perceber o que é que você veste e o que é que você simplesmente guarda porque pode.

Outra forma de desentulhar sua casa é implementado sistemas baseados em números. Pelo tempo que precisar, você pode passar pela casa e encher um saco de lixo com coisas que você não usa mais e doá-las ou jogar fora. Você também pode jogar o Desafio 12-12-12, onde você se aventura pela casa e encontra 12 coisas que pode jogar fora, 12 coisas que pode doar e 12 coisas que podem ser devolvidas ao local correto dentro de casa. Esses jogos numéricos ajudam a mudar o foco do item para a correlação de contagem, o que pode ajudar muitas pessoas a manter suas conexões emocionais com muitos itens que estão sendo verificados.

Ainda outra dica que você pode implementar é fazer uma lista. Para alguns, a mera idéia de ir desentulhando a casa de sala em sala é assustadora. Talvez você tenha uma casa grande ou várias áreas menores em seu lar que servem como depósito. Está tudo bem. Sente-se e escreva uma lista com todos os cômodos e use-a para acompanhar o progresso que está fazendo. Quando terminar o cômodo, tire-o da lista. Rabisque ou desenhe por cima com uma caneta grossa. Encontre uma forma simples de se recompensar, gabando-se de como você desentulhou o quarto e deixou ele em ordem!

Organizar sua casa é um grande passo para viver um estilo de vida minimalista e você pode ter o benefício adicional de doar muitos dos itens para pessoas que são menos afortunadas do que você. Considere usar esse tempo para meditar sobre seu estado emocional e permitir-se reviver essas memórias. Então, permita-se compreender que a ação de entregar esses itens não significa que você está descartando suas memórias. O que isto significa é que agora alguém pode se beneficiar desses itens e criar suas próprias memórias bonitas, assim como você pôde.

A próxima coisa a entender é a diferença entre um estilo de vida verdadeiramente minimalista e um estilo de vida minimalista comercializado.

Capítulo 5: Ser Minimalista Não Precisa Custar Mais Dinheiro

Nossa sociedade é construída sobre a noção de pequenas tendências: os tweets se tornam virais, os vídeos de seis segundos são levados ao topo das "tendências" e os discursos de dois parágrafos no Facebook se propagam enquanto o reconhecimento cai sobre suas vidas. Como uma sociedade de base tecnológica, nos orgulhamos da capacidade de expor coisas que são digeríveis em menos de um minuto, que captam olhos e ouvidos suficientes para nos considerar "virais". Essa efusão temporária de amor e afeição é suficiente para nos animar. Outras pessoas nos consideram dignos, por isso, encontramos maneiras de seguir fazendo a mesma coisa a fim de construir continuamente um séquito de pessoas que possam acariciar nossos egos.

Em outras palavras: nós descobrimos uma maneira de basear nosso autovalor em itens tangíveis que as pessoas utilizam para exibir suas vidas por completo.

Com a ideia de "tendência", se mistura a ideia de algo que precisa ser atraente aos olhos. Coisas que se espalham geralmente têm um componente visual se a mensagem não for natural. Isso significa que fotos com filtros, vídeos de colagem e até mesmo álbuns de fotos e vídeos atraem mais atenção porque envolvem mais de um dos nossos sentidos básicos de uma vez para criar um vínculo emocional entre a pessoa que recebe a informação e a pessoa que a cria.

Isso significa que se uma ideia, modo de vida ou princípio é "tendência", há um aspecto visual colocado nela para transmitir sua mensagem sem que alguém tenha que ler um monte de texto, especialmente se levar mais de 30 segundos ler o tal texto.

Por exemplo, quando o estilo de vida *hygge* começou a se espalhar nos Estados Unidos, foram publicados vários livros que diziam onde comprar as velas mais baratas, as melhores meias felpudas e quais desenhos eram os mais calmantes para colocar em cobertores. O estilo de vida *hygge* não tem absolutamente nada a ver com esses itens em particular. Eles são simplesmente itens que designam o estilo de vida *hygge* em uma cultura que nasce do estilo de vida dinamarquês presente em sua moral e clima: a Dinamarca pode ser escura, muito fria e muito isolante às vezes. Assim, enquanto velas e meias para manter os pés quentes fazem parte do estilo de vida *hygge* para eles, esse mesmo aspecto "mantendo-se aquecido para ser confortável" não funcionaria para relaxar alguém em uma atmosfera como a Espanha no meio do verão.

Assim, quando o conceito minimalista começou a se espalhar nos Estados Unidos, vieram as mesmas fotos visualmente estimulantes com itens recorrentes específicos que as pessoas consideravam necessários para viver o estilo de vida: cores vibrantes, camisetas largas, casacos longos, moletons folgados, cardigãs largos e leggings simples. As pessoas começaram a deixar de lado o significado de "minimalismo" e a filosofia de vida em favor de "parecer". As pessoas começaram a perder o foco de minimizar os itens e sentimentos triviais em suas vidas e ficaram obcecadas com uma "aparência da moda" que atrairia mais atenção de seus seguidores, a fim de continuar construindo sua "marca viral".

Este é o perigo da nossa sociedade com princípios como este, não caia na armadilha. O minimalismo, se bem feito, não lhe custa nada. Organizar sua casa não custa nada. Reduzir o seu guarda-roupa não custa nada. Livrar-se de alguns dos seus móveis desnecessários não custa nada.

Por quê? Porque você não está substituindo esses itens. Você está permanentemente removendo-os para dar lugar a uma vida mais simples, com menos importância em itens tangíveis e mais importância em ver e estar presente no mundo ao seu redor.

Para alguns, viver um estilo de vida minimalista significa renovar completamente a maneira como eles vivem: muitas pessoas começarão a assumir esse princípio ao organizar sua casa e se sentirão tão apaixonados pela ideia que desejarão vender sua casa ou quebrar seu contrato e viver na estrada. O estilo mais típico da vida na estrada é conhecido como vida de *motorhome*, mas para muitos pode ser tão simples quanto equipar uma van grande com alguns itens básicos e viajar pelo país.

Não importa o tipo de estilo de vida que você escolhe viver quando se trata de sua jornada com o minimalismo, ela nunca deve custar muito dinheiro para você.

Para aqueles que simplesmente desejam se organizar, desentulhar a casa não custa nada. E então, se você tem itens que são importantes e que ainda precisam de um lugar, há muitas lojas que têm armários de arquivos e móveis baratos quando as pessoas fazem doações. Nunca subestime as barganhas que você pode encontrar em brechós se você está absolutamente precisando de algo para ajudar a organizar coisas que são importantes, como documentos em papel e certidões de nascimento.

No entanto, se você está querendo ir fundo no estilo de vida minimalista e vender tudo o que possui para trabalhar de casa e viajar pelo país, então ainda assim não precisa gastar muito dinheiro. Explore os recursos que você conhece e procure por veículos usados que estejam em condições adequadas. Você economizará milhares de dólares comprando um carro usado em vez de entrar em uma concessionária e comprar com o vendedor. Apenas certifique-se de ter o conhecimento necessário para examinar adequadamente o veículo para que você não fique preso a algo que estará quebrado dentro de dois meses.

Se alguém está tentando convencê-lo de que um estilo de vida minimalista de alguma forma requer muito dinheiro, então eles não estão prestando atenção: se livrar de posses e coisas desnecessárias não é apenas um gesto de libertação, é algo que pode economizar dinheiro no futuro. Muitas pessoas trocam seus celulares por aparelhos menos potentes e planos de telefone mais limitados, se livram da TV a cabo e de muitos de seus serviços de *streaming*, e até mesmo trocam suas casas para algo um pouco menor. Todas essas ações colocam o dinheiro de volta no seu bolso, ao mesmo tempo em que aderem à filosofia de um estilo de vida minimalista.

Mas uma das melhores características deste tipo de estilo de vida em si é a redução do estresse que acontece dentro do corpo, e isso pode ter grandes influências ao longo de toda a trajetória do resto de sua vida.

Gostando deste livro até aqui? Seria incrível se você pudesse compartilhar sua opinião sincera sobre ele. Por favor visite https://www.amazon.com/review/create-review/ref=cm_cr_dp_d_wr_but_top?ie=U

TF8&channel=glance-detail&asin=B073S53DCP# para deixar sua opinião"

Capítulo 6: Como O Estilo De Vida Minimalista Reduz O Estresse

Com o alívio de muitas preocupações financeiras, vem um enorme alívio de estresse. Seja vivendo sozinho ou em grupo, problemas financeiros e estressores são a causa número um não apenas de ansiedade, mas também de divórcio. Finanças e dinheiro criam estresse, então reduzir suas coisas e colocar dinheiro de volta no seu bolso ajuda bastante.

Mas essa não é a única razão pela qual viver um estilo de vida simples e minimalista pode reduzir o estresse e a ansiedade.

Lembretes visuais estão constantemente impactando nosso estado de espírito. É por isso que a "influência da cor" é um tema tão popular na psicologia hoje em dia. As cores evocam emoções específicas por causa de coisas que aprendemos como crianças que estão enraizadas em nosso conhecimento básico e nas vias neurais. Muitas outras formas mais amplas de conhecimento dependem das conexões que fazemos quando crianças e é por isso que muitas pessoas associam a cor vermelha com "raiva" e azul com "alívio".

Essa também é a base fundamental do reconhecimento, que é a ideia de que um estímulo visual pode ajudar alguém a recordar um evento, uma memória ou uma resposta emocional. No entanto, essa função nunca deixa de funcionar. As coisas que te cercam desencadeiam respostas emocionais e físicas toda vez que você as acessa visualmente, e entulhar sua vida com coisas inúteis pode fazer com que se sinta sufocado e fora de controle. Ao remover esses itens e criar espaços mais livres e abertos, o lembrete visual transita de uma sensação de sufoco para uma sensação de abertura, que pode enganar o cérebro e desencadear uma resposta mais relaxada.

Mas, ao viver um estilo de vida minimalista, surge a ideia de que você não precisa mais acompanhar as tendências. Saindo da corrida dos ratos que são produtos de marca e tecnologia em constante atualização, você se livra dos limites de "ter que ter para ser digno". Suas posses não definem quem você é. No final, todos somos enterrados com a mesma coisa: nós mesmos. Se você se define pelos seus itens, você sempre sentirá como se tivesse que gastar dinheiro que pode ou não ter para sentir que é o suficiente. Este é um sentimento de insegurança, imprudência e competitividade e pode mantê-lo em um estado perpetuamente ansioso.

Não só isso, mas viver esse tipo de estilo de vida significa que você está mais inclinado a lidar com as causas dos problemas que você pode ter, já que você não tem como desviar e se distrair de seus problemas por mais tempo. Quando você não está mais comprando roupas para o seu guarda-roupa, você é capaz de identificar a verdadeira motivação por trás de sua compra constante: o medo de não ser aceito e desejado pelos outros.

Agora, sem a compra compulsiva, você tem que resolver o problema de frente, o que significa que você pode realmente se libertar do estresse que essa emoção está causando, ou pelo menos identificar as situações que você pode evitar.

Viver de forma minimalista também permite que você reforce a diferença entre necessidades e desejos. Isso ajuda você a definir o que é importante e o que é desnecessário. Isso pode aliviar o estresse porque você finalmente aproveita coisas que realmente deseja. Você é capaz de se ocupar com coisas que te fazem bem e adaptar sua vida a seus padrões e perspectivas em vez de ser um escravo de posses e os estressores que vêm com esses bens.

Há também um incrível fator de autodescoberta em toda a jornada. Mesmo que você esteja abrindo mão de alguns pertences ou alguns hábitos destrutivos que adotou, significa que você pode focar mais em si mesmo, no que realmente gosta e o que realmente não gosta. Quando você dá uma boa e dura olhada em sua vida sem as distrações barulhentas de um estilo de vida desordenado ou com dificuldades financeiras crescentes, você pode finalmente encontrar o que faz você funcionar e viver sua vida de acordo com seu próprio relógio interno.

Isso te dá um senso de identidade mais forte e isso pode instilar confiança, o que pode ajudar a diminuir certas ansiedades que as pessoas podem ter quando estiverem perto de outras pessoas.

Não só isso, mas agora que você não está mais consumindo desnecessariamente, você tem que encontrar coisas de que realmente gosta. Isso é mais difícil do que pode parecer porque significa substituir esses mecanismos de enfrentamento doentios quando você está estressado por coisas que são mais saudáveis. Isso significa fazer alguns exercícios sérios de autoconsciência para descobrir sua definição de saúde interior. Para alguns, é uma meditação silenciosa. Para outros, o silêncio é aterrorizante, então ouvir música alta deitado no sofá ou na cama é terapêutico.

Seja o que for, exige que você olhe. E para olhar para dentro de si, você precisa ter o mínimo de distrações possível.

A verdade é que um estilo de vida minimalista ajuda no seu autocontrole. Nesse mundo consumista que aconteceu depois da Segunda Guerra Mundial, a ascensão da moda, do *fast food* e das compras instantâneas nos catapultou para a sociedade estressada e ansiosa que somos hoje. Questões médicas como depressão, diabetes, câncer e transtornos de ansiedade estão aumentando exponencialmente e, à medida que continuamos consumindo, estudos mostram que essas questões começam a subir novamente no quadro dos diagnósticos mundiais.

Antes disso, no entanto, as pessoas não possuíam tanto, não compravam tanto, e tinham uma porcentagem maior de seu salário em seus bolsos. Isso não é uma coincidência e é algo que pode ser facilmente corrigido no estilo de vida de um indivíduo. Mas parar todas essas compras e consumir exige autocontrole.

Eliminando este estilo de vida e assumindo um estilo de vida minimalista, você não está apenas praticando autocontrole, está diminuindo os estresses e ansiedades que vêm com compras irracionais.

Então, depois que o estresse diminui e o corpo começa a se acalmar e se curar, o estilo de vida minimalista traz muitas realizações diferentes. Por exemplo, você começa a perceber o que realmente importa. Pode soar clichê, mas acredite em mim: quando você começa a diferenciar as coisas que você quer e as coisas que você precisa, você começa a perceber o quanto você achava que precisava, mas na verdade não precisava. Isso não é apenas esclarecedor, é libertador. Eliminar o que não importa redefine os hábitos de consumidor de um indivíduo e permite que ele tome melhores decisões com sua vida daqui para frente.

Perceber o que realmente importa ajuda a manter as tensões à distância, que antes eram perpetradas por excesso de tolerância nos ideais consumistas.

Então, você pode pegar essa ideia do minimalismo e aplicá-la a toda a sua vida. Quanto mais você se concentra no que importa, mais fácil se torna ver o verdadeiro sentido. Essa ideia de querer *versus* precisar na cultura do consumo pode infiltrar-se e penetrar em outros aspectos da vida de alguém, como a vida amorosa e a vida familiar. Uma vez que você começa a puxar a cortina e revelar o tipo de pessoa que você é, com gostos e desgostos únicos, torna-se mais fácil avaliar o que é importante e deixar de lado o que não é.

Por exemplo, pode ter sido importante para você, em sua vida amorosa, ter alguém que tivesse sua própria casa. Mas depois de começar a viver um estilo de vida minimalista essas prioridades podem mudar de ter uma casa para ser gentil com crianças. Essa extensão de uma filosofia básica pode recriar toda a forma na qual vemos o mundo e pode definir a vida de um indivíduo em uma trilha que ele nunca imaginou ser possível.

Você também começa a perceber que as coisas não fazem de você uma pessoa. Uma das maiores razões pelas quais o mercado consumidor é o maior mercado em expansão hoje é porque as pessoas acreditam que as coisas as tornam quem são. Pense nisso: julgamos toda a personalidade de alguém com base na roupa que estão usando. Isso é chamado de estereótipo e esse tipo de coisa é sempre visualmente motivado. Ao nos tornarmos vítimas desse ideal, acabamos valorizando o que vemos sobre o que experimentamos, e acabamos substituindo as verdadeiras personalidades por objetos. Muitas pessoas tentam abater suas próprias ansiedades e estressores simplesmente consertando a superfície. Os programas de transformações fazem isso o tempo todo: eles pegam alguém com um senso horrível de moda e maquiagem e em trinta minutos os transformam nessa versão instantaneamente bela de si mesmos.

Mas mudar a superfície não diminui os estressores internos.

Uma vez que você se livrar de toda a bagunça e deixar a filosofia minimalista se infiltrar em suas escolhas de vida, você descobrirá que as coisas não compõem quem você é como pessoa.

Você compõe quem você é como pessoa.

Viver esse tipo de estilo de vida pode criar uma transformação incrível na vida de uma pessoa. Pode curá-los fisicamente, mentalmente e emocionalmente, e pode instilar dentro deles a confiança para fazer o que quiserem. Eles podem liderar suas próprias vidas, ditá-las fora das regras tradicionais da sociedade e não serem mais escravos de um estilo de vida consumista estressante e financeiramente desgastante.

Mesmo assim, com o tempo muitas pessoas vão sair do caminho em algum momento. É por isso que o estilo de vida minimalista não tem apenas uma filosofia, mas também dicas e truques que podem ajudar uma pessoa em sua jornada do começo ao fim.

Capítulo 7: Dicas e Truques Minimalistas

Mesmo que um estilo de vida minimalista tenha a ver com purgar em vez de organizar, isso não significa que a organização não desempenhe um papel. Há várias dicas e truques para se ter em mente ao começar a jornada, bem como coisas a serem consideradas ao viajar pela nova estrada que você decidiu viajar.

Há algumas coisas para manter em mente quando purgar. Sim, se você tiver papéis soltos, talvez seja necessário comprar algo para guardá-los. Mas nem tudo requer uma compra para simplesmente organizar. Algumas pessoas compram organizadores para seus armários porque eles têm 20 toalhas decorativas diferentes.

Você realmente precisa de 20?

Quando analisar os itens a serem reduzidos, certifique-se de saber a diferença entre simplesmente organizar todos os seus bens e realmente purgá-los de sua casa. Aquelas sete tigelas de tamanhos diferentes podem não ser realmente necessárias se você só as utiliza uma única vez do ano.

Se é que você utiliza.

Outra coisa para se ter em mente é parar de caçar pechinchas. Para muitos, a emoção de encontrar uma grande promoção é uma compulsão para comprar. Só compre o que você precisa, quando precisa e você não vai ter que caçar pechinchas. Isso significa que você não vai entulhar sua vida com bens inúteis e os que adquirir serão de alta qualidade, então durarão um bom tempo.

E, como você economizou dinheiro vivendo um estilo de vida minimalista, o preço mais alto não vai atrapalhá-lo financeiramente.

Reprograme o tempo que você tem. Agora que você se livrou de posses desnecessárias, você tem mais tempo em suas mãos. Você não está mais limpando ou reorganizando, aproveite o tempo e faça algo útil com ele.

Se você tem muitas coisas e não sabe por onde começar, comece pequeno. Viver um estilo de vida minimalista deve aliviar o estresse, então começar o processo não deve te estressar ainda mais. Mesmo que começar pequeno signifique, literalmente, arrumar um canto de cada vez, é mais progresso que você fez em meses...e talvez até mesmo anos.

Se você está com dificuldade para saber se um item merece um lugar no seu estilo de vida minimalista, tente imaginá-lo na sua vida daqui a um ano. Se você não conseguir, não compre-o.

Minimalismo é sobre o "agora". Agora é a hora de fazer isso, agora é a hora de assumir o controle de sua vida e agora é a hora de minimizar e viver de forma simples. Se você passar por um item em sua casa que acha que é inútil, pegue-o imediatamente e faça alguma coisa com ele, seja jogá-lo no lixo ou colocá-lo em uma caixa para doação em sua garagem.

Quando se trata de desentulhar e organizar sua casa, pergunte a si mesmo ao lidar com os itens da sua cozinha: "Caberá em um armário?". Se não, pergunte a si mesmo com que frequência você o utiliza. Se você não o usou pelo menos três vezes no mês anterior, livre-se dele. Se você já usou, mas sempre comenta sobre o tamanho, tente vendê-lo ou doá-lo e adquirir um que seja menor. Minimalismo não é sobre não consumir, é apenas consumir o que você precisa.

Não seja sugado pela "tendência" do minimalismo: cores monótonas, móveis frágeis e roupas folgadas. Se você quer cor em sua vida, pinte suas paredes! Se você quer aquele sofá luxuoso em que você senta e trabalha todos os dias, então compre! Vou repetir: minimalismo não é sobre "não consumir", é apenas consumir o que você precisa.

Permaneça sempre no topo da organização. Como você viveu um estilo de vida consumista por tanto tempo, será necessário um esforço mental para mudar a maneira como você vive. Uma bagunça nova surgirá por algum tempo, portanto fique sempre alerta para quando ela começar a se formar. Em seguida, tome as medidas necessárias para desentulhar novamente. Eventualmente, o minimalismo se tornará o novo normal em sua vida e a bagunça surgirá cada vez menos.

Se você se encontrar comprando algo novo, troque por algo antigo. Você não precisa manter aquela cadeira frágil se tiver comprado uma melhor.

Minimalismo não é simplesmente sobre o que você guarda ou não, é também sobre enriquecer sua vida. Pegue o dinheiro que não está sendo gasto em bens e produtos e invista em experiências e serviços que acabam enriquecendo sua vida. Tem um lado aventureiro? Vá pular de paraquedas! Ama viajar? Faça uma viagem de fim de semana para o outro lado do país só para ver como é! Esses tipos de coisas também o ajudarão a diminuir os níveis de ansiedade e estresse e fornecerão experiências enriquecedoras que te fazem crescer como pessoa, em vez de trazer entulho à sua vida.

Para alguns, quando se trata de desentulhar uma casa, organização é um fator importante. Muitas pessoas não têm simplesmente entulho, elas têm entulho porque são desorganizadas. Por isso, temos algumas dicas sobre como ajudar a manter-se organizado também. Para começar, desenvolva um sistema simplificado para algo. Um bom começo é a sua correspondência: quando ela chegar, tenha uma mesa com pequenos cestos ou caixas. Coloque as cartas recebidas em uma caixa e as que serão enviadas em outra. Pratique com essa atividade simples até que se torne um hábito e então simplifique outro aspecto de sua vida.

Desorganização, para a maioria das pessoas, é simplesmente a falta de implementação de hábitos organizacionais.

Pare de ser multitarefa. Para aqueles que são desorganizados, às vezes pode ser porque eles estão sempre tentando fazer tudo de uma vez. Talvez seja um mal gerenciamento do tempo, mas a primeira coisa que alguém pode fazer para lidar com essa questão por trás da desorganização é parar com a multitarefa. Quando você começar alguma coisa, não comece outra até que ela termine ou você atinja sua meta diária do projeto. Será difícil no começo, mas se você trabalhar diligentemente, isso se tornará um hábito.

Outra maneira de se organizar é simplificar sua vida financeira. Se você tem dívidas e pagamentos que estão espalhados por todos os lugares o tempo todo, pode ser muita coisa para lidar e contas podem ser esquecidas. Se você tem conta em um banco que confia, então considere um refinanciamento ou a transferência dos pagamentos da dívida para o banco. Em seguida, configure os débitos automáticos da sua conta. Na verdade, faça isso com todas as suas faturas, porque aqui está o que você pode fazer: depois de marcar uma data e hora para o pagamento de débito automático todos os meses, crie um despertador mensal no seu celular sem uma data final.

Desta forma os pagamentos serão sempre efetuados a tempo e você sempre saberá sobre eles com antecedência.

Se você se encontrar sobrecarregado em tarefas domésticas, faça uma tabela de tarefas. Sim, parece que você está criando um filho, mas preste atenção: fazendo uma tabela de tarefas você pode ver facilmente o que precisa ser feito diariamente e o que precisa ser feito semanalmente. Isso minimizará os momentos de limpeza desnecessários, além de ajudá-lo a organizar seu cronograma. Não trabalha aos domingos? Faça dele o seu dia de lavar roupa! Seus dias mais movimentados são às quartas-feiras? Então é só agendar uma rápida limpeza da cozinha! É uma ótima maneira de regular a limpeza de sua casa em torno de sua agenda e, depois de fazer o cronograma, você nunca mais precisará pensar nisso novamente.

Quando se trata disso, a purga pode causar muita culpa. Talvez aqueles candelabros de cristal fossem caros, ou talvez a sua avó tenha lhe comprado um casaco que você odeia, mas guardou porque ela é sua avó e você a ama. Se pudermos nos livrar da culpa e de outras emoções que estão por trás de muitos dos itens em que nos apegamos, isso ajudará a viver o estilo de vida minimalista muito mais facilmente. Os itens que recebemos nem sempre têm que ser jogados fora em vão: considere doá-los ou presenteá-los para alguém que você sabe que adoraria ou poderia usá-los. A longo prazo, explicar a um membro da família por que você não tem mais aquela cabeça de alce decorativa pendurada vai ser muito mais fácil do que constantemente sofrer olhando para aquela coisa toda vez que você entra em sua casa.

No final das contas, a coisa mais difícil de fazer neste estilo de vida é separar a emoção do objeto. Não importa do que nos livramos, as memórias associadas a esse objeto nunca nos deixarão. Memórias não vivem porque o objeto existe, elas vivem porque nós escolhemos pensar nelas com alegria em nossos corações.

Essas dicas e truques descritos acima podem ajudar a manter qualquer pessoa em qualquer estágio de sua jornada no caminho certo, e com a ajuda dos capítulos deste livro, você pode estar no caminho para viver sua própria vida simples, repleta de experiências enriquecidas com aventuras em vez de objetos ricos e exorbitantes.

Conclusão

Quando se trata de viver um estilo de vida minimalista, há dois componentes principais: desentulhar sua vida de todos os bens desnecessários e dissociar-se dos apegos emocionais a objetos inanimados. Os seres humanos são programados para atribuir emoções a coisas específicas na tentativa de conjurar memórias, porque é a forma mais fácil de lembrar no cérebro. Como nossos corpos são programados para funcionar em seu estado mais eficiente, essa ligação de emoção a objetos que nos cercam é uma ocorrência natural.

Isso quer dizer que utilizar um estilo de vida minimalista em toda a sua extensão significa ir contra nossos instintos básicos como um ser humano dentro de uma espécie animalesca particular.

A filosofia minimalista orgulha-se de experiências que enriquecem o indivíduo como pessoa em vez de objetos que nos dão a ilusão de importância. A pior coisa que vem do consumismo é a constante atmosfera competitiva para sempre ter o melhor, o mais brilhante e a mais moderna moda e tecnologia que existe. Isso torna o indivíduo não apenas um escravo da interpretação que a sociedade faz dele, mas significa que ele está constantemente sacrificando seu sucesso financeiro a fim de obter isso.

E nesta cultura perigosa e consistentemente perpetuada, há uma grande quantidade de estresse que é prejudicial para o corpo como um todo.

O hormônio cortisol é secretado quando o corpo interpreta a informação através dos nossos sentidos como sendo um cenário estressante. Isso faz com que as glândulas supra-renais trabalhem demais, produzindo substâncias químicas como a adrenalina, que se misturam ao cortisol para permitir certos tipos de respostas: nossos músculos ficam tensos, nossa respiração aumenta e nossos vasos sangüíneos se dilatam. Nossos corpos ficam preparados não apenas para o impacto da dor, mas também para a luta que se seguirá por causa dessa dor.

Mas quando ativado por longos períodos de tempo, o cortisol pode começar a deteriorar o cérebro, desintegrar fibras musculares importantes dentro do corpo e causar estragos em coisas como o conteúdo ácido dentro do estômago. Isso pode levar a problemas como dor nas articulações, falta de sono, perda de apetite e doença de refluxo ácido.

Quando vivemos um estilo de vida minimalista, nos libertamos dos confins da escravidão financeira. Quando podemos nos livrar das amarras e das correntes que nos prendem a essa ideia de que temos que nos considerar aceitáveis para a sociedade, podemos recuperar o controle de nossas emoções, nossa saúde corporal, nossas finanças e podemos reajustar nossas mentes a fim de aprofundar e promover a autoconscientização...e é essa autoconsciência que leva a descobrir o que realmente valorizamos e a construir uma vida sustentável em torno desses valores morais.

O minimalismo, em sua forma mais básica, é um retorno ao foco no eu. Ao desentulhar, doar, jogar fora e reorganizar nossas vidas, encontramos maneiras de fazer o mesmo com nossas prioridades. Encontramos o que é realmente valioso dentro de nós mesmos e em quais experiências realmente queremos entrar e somos capazes de prover para nós mesmos uma vida satisfatória que nos deixa experiências enriquecedoras em vez de objetos "enriquecedores".

Em um mundo tão acelerado quanto este, pode ser difícil encontrar um senso básico de paz. Muitas pessoas que lutam com noites sem dormir, manhãs exaustivas e até mesmo coisas que envolvem depressão e ansiedade geralmente levam vidas estressantes. O minimalismo pode eliminar muitos desses estressores e, ao mesmo tempo, abrir a sua casa para criar espaços enormes, em vez de sempre sentir como se as paredes estivessem fechando por causa da grande quantidade de coisas que você tem. Com esses espaços abertos vêm uma mente aberta e a capacidade de respirar melhor, e uma vez que o cortisol começa a se dissipar do seu sistema, o corpo pode finalmente começar a se curar fisicamente.

Além disso, ajuda que você não esteja sempre quebrando o dedo mindinho naquela maldita cadeira.

www.ingramcontent.com/pod-product-compliance
Lightning Source LLC
Chambersburg PA
CBHW071900070526
44583CB00016B/1777